学校
学不到的
成长课

〔日〕株式会社旺文社 著
乔蕾 译

●小学生应该学会的事，这套漫画就能搞定！●

我要变成时间管理超人

SPM
南方出版传媒
新世纪出版社
·广州·

前言

考试得了一百分真开心呀！身边的人都表扬我。但是，长大以后要面临的问题，却比学校的考试复杂得多，有的时候正确答案不止一种，有的时候问题是没有正确答案的。

“生日礼物的话，我想收到鲜花！”“我想收到书！”谁的答案是正确的？他们的答案都是正确的。但是在某些情况下，他们的答案又都是错误的。

爬山的时候，同学扭伤了脚。紧要关头，自己是选择用指南针摸索着下山，寻找救援，还是在原地等待救援呢？哪个答案是正确的？正确答案随情况而定。总之，性命攸关的问题要慎重地做出决定！

在大人的世界里，每天都要面对这样的选择题。可以自信满满地解决问题，凭借的是聪明的头脑，对问题做出正确的判断。

本系列丛书，希望用漫画的方式，让小朋友们去理解自己和周围的世界。希望合上书本的时候，小朋友们能发现自己的进步，感受到思考带来的快乐。

这堂课的主题是“如何利用时间”。时间是平等赋予每个人的重要资源。某样东西消失不见了，还能用其他物品代替，但时光流逝了，就再也回不来了。现在的瞬间，不会再次出现。这世上只有时间，是无论科技如何进步都无法再追回的，也正因为如此，才更要珍惜每一天每一刻。只要能够珍惜时间，生活就会改变；生活有了改变，人生就会发生变化。好了，让我们一起来学习珍惜时间的方法吧。

旺文社

目录

即 将 登 场 的

常盘理子

- 管太的姐姐，小学六年级
- 很会照看弟弟，能干并可靠
- 有绝招

常盘管太

- 常盘家长子，小学三年级
- 不擅于利用时间，有些粗心大意，但总是精力充沛，元气满满
- 爱好：漫画、游戏、英雄类电视节目

佐藤俊夫

- 管太的同班同学
- 学习和游戏都很擅长的都市男孩
- 热衷于玩剑玉

常盘金成、常盘富纪

- 管太的爷爷奶奶

吉野樱

- 管太的同班同学
- 正在学习钢琴

小伙伴们

常盘间子

- 管太和理子的妈妈
- 喜欢做饭，擅长做安排
- 希望管太有时间观念
- 生气之后会变成“怪兽”

常盘时朗

- 管太和理子的爸爸
- 上班族
- 爱家，性格温和
- 特别时刻会瞬间热血沸腾

鲇鱼博士

- 会给管太家提供关于合理利用时间的建议

多摩

- 常盘家的猫

常盘家某一天的日程

大家一天的日程安排各不相同，不过还是会全家人聚在一起吃早饭和晚饭哦！

上午 6 7 8 9 10 11 12 下午 1 2 3 4 5 6 7 8 9 10

管太

睡觉	洗漱更衣	吃早饭	上学	做作业	足球教室	游戏	吃晚饭	家庭聚会	洗澡	看电视	睡觉

理子

睡觉	洗漱更衣	吃早饭	上学	做作业	看书	吃晚饭	帮忙做家务	家庭聚会	洗澡	看电视	睡觉

时朗

睡觉	洗漱更衣	吃早饭	上班	吃晚饭	上网/家庭聚会	洗澡	看电视

间子

睡觉	洗漱更衣	准备早饭	吃早饭	做家务	准备午饭	吃午饭	做点心，等等	准备晚饭	吃晚饭	打扫	看电视/家庭聚会	洗澡

金成

睡觉	洗漱更衣	吃早饭	给院子浇水	打理盆栽	吃午饭	看书	打门球/找朋友聊天	洗澡	吃晚饭	看电视/家庭聚会	睡觉

富纪

睡觉	洗漱更衣	吃早饭	做家务	准备午饭	吃午饭	舞蹈练习	舞蹈教室	看电视	吃晚饭	看电视	洗澡	看电视/家庭聚会	睡觉

多摩

酣睡	吃饭	调戏大家/打盹儿	吃饭	打盹儿	酣睡

来看来看乌龟哦，
是乌龟先生哦。
来了哦！
好棒！
好棒！
哇！
咔！
咕噜！
咦？
管太好厉害！
嘿嘿，这没什么啦。
果然好棒哦。
好吧，那让我也来试试。
哇！ 好棒！
什么时候竟然变成这样？明明是我更厉害的。
打击
为什么？
为什么？
比管太厉害！
是吗？嘿嘿嘿。
刚才的表演太帅了！
俊夫好棒哦！
哇！

妈妈，我回来了。
哼！
哼！
欢迎回家。怎么了？看你一脸烦躁的样子。
那个俊夫，玩剑玉突然变得特别厉害。
真是奇怪。
扑通！
是怎么回事？
这么说起来，俊夫的妈妈是说过……
哎呀！
哎呀！
很了不起吧！
俊夫每天都有练习哦！
太逊了
居然还要每天练习。
哈！哈！哈！哈！哈！哈！
明明很帅嘛！
呵—
啪嗒！
啪嗒！
哇哈哈……
哦呵呵……
拖拖拉拉

晚饭后
作业做了吗？
吼吼吼!
嗞!
磨磨蹭蹭
啊！我忘了！
完蛋了！
到底谁逊啊？
照这样下去，那个目标是无论如何也实现不了的。
哎呀呀！
看
目标？
目标：
认真完成作业。
不丢三落四。
管太
锵锵锵！
啊！
是要让我努力吗？
对我来说太难了。现在一点精神都没有。
我懂，我懂。
哎呀！
噌

咚——
这个时刻终于到来了。
是的，老公。
我想它总有一天会到来。
请！
嗖——
谢谢，理子。
啪——
变身！
啪——
现在放弃还为时过早哦。
时间对于每个人来说都是公平的。
爸爸？
妈妈？
说明一下！
穿蓝色衣服和粉色衣服的人，是时间利用的达人——时间战士！

只要掌握了利用时间的方法，就能很快实现目标了。
时间的利用方法？
具体说来，就是这些了。
●有时间意识
●根据自己的习惯，安排属于自己的日程
●灵活运用间隙时间
啪！
一旦时间运用得当，就能成为优秀的男人哦。
像爸爸这样。
什么？
会变成这样哦！
嗯嗯！
哇哦！
一旦掌握了时间的使用方法
●能在截止时间前顺利完成作业
●学习和游戏都不耽误
●做事有效率
当——
也就是说，会变成这样?!
学习和运动两不误。
哇
当然！
管太最棒！
真棒哦！
好帅！
好单纯的想法。

下定决心吧！
你也能成为英雄哦。
好吧。
要回答『好的！』。
好、好的！
那么接下来，先从做作业开始。
嗯？英雄也要做作业？
我们走吧！
管太，今天的作业是什么？
英雄不是一天两天就能练成的。
等我休息一会儿再说哈。
随便躺下
嗖——
啊呀，这是什么？啊！
嗖嗖嗖——
我会做的，你把我放开！
啪嗒！啪嗒！
不行！
不要啊——

第1章

了解利用时间的方法

放学后
打扰啦!
啪嗒!啪嗒!
我来找你玩啦。
瞄一眼
嘿,俊夫你来啦!我们赶紧来一场对决吧!
嗯!
今天一定会赢你!
让你见识见识我的超连打!
VS
管太
俊夫
哦哦哦哦哦——
吼吼吼——
看我!
太棒了!赢啦!
击倒
俊夫胜利!!
什……什么!我的超连打!
今天我状态不错哦!
瞄一眼
嘿嘿嘿!
最近怎么老是输给俊夫……
不管是剑玉还是游戏。
气得牙根痒
再来一局!
这次一定要赢你!
这是要玩到什么时候?

俊夫，
请喝饮料哦。
咚！
谢谢您！
心动
太……太可爱了。
天使的微笑
来，管太也喝吧。
呵呵呵。
谢谢……
鲇鱼博士
苏打水——
呀吼——
啊？
能戳出鲇鱼汤来。
戳啊戳啊
住手啊！
哎呀！
呼……好了，差不多要开始写作业了。
啊？
说得……是哦！
嗖——
啊！

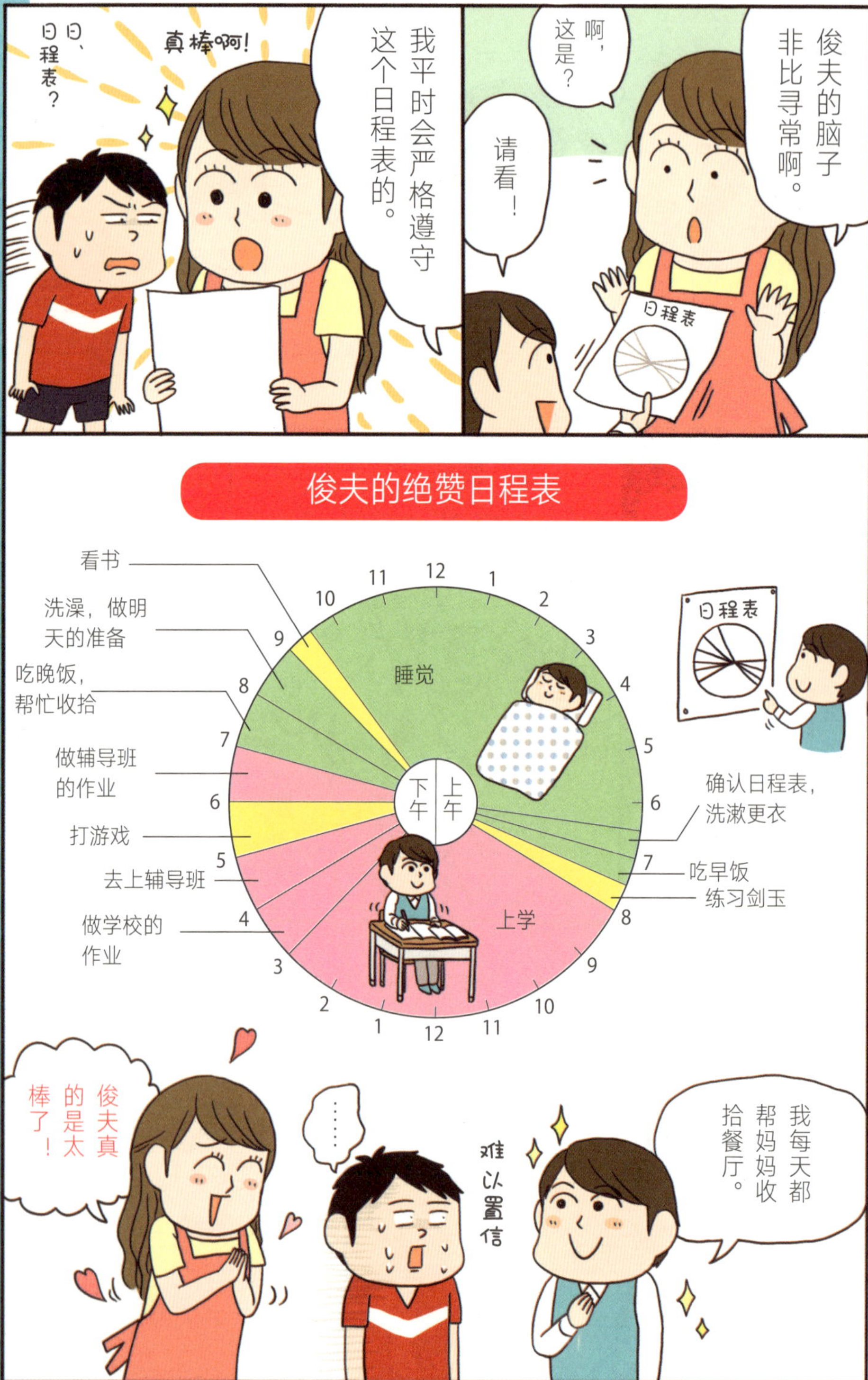

俊夫的脑子非比寻常啊。
啊，这是？
请看！
日程表
我平时会严格遵守这个日程表的。
真棒啊！
日、日程表？
俊夫的绝赞日程表
看书
洗澡，做明天的准备
吃晚饭，帮忙收拾
做辅导班的作业
打游戏
去上辅导班
做学校的作业
睡觉
上学
上午
下午
确认日程表，洗漱更衣
吃早饭
练习剑玉
12 1 2 3 4 5 6 7 8 9 10 11
12 1 2 3 4 5 6 7 8 9 10 11
日程表
我每天都帮妈妈收拾餐厅。
难以置信
……
俊夫真的是太棒了！

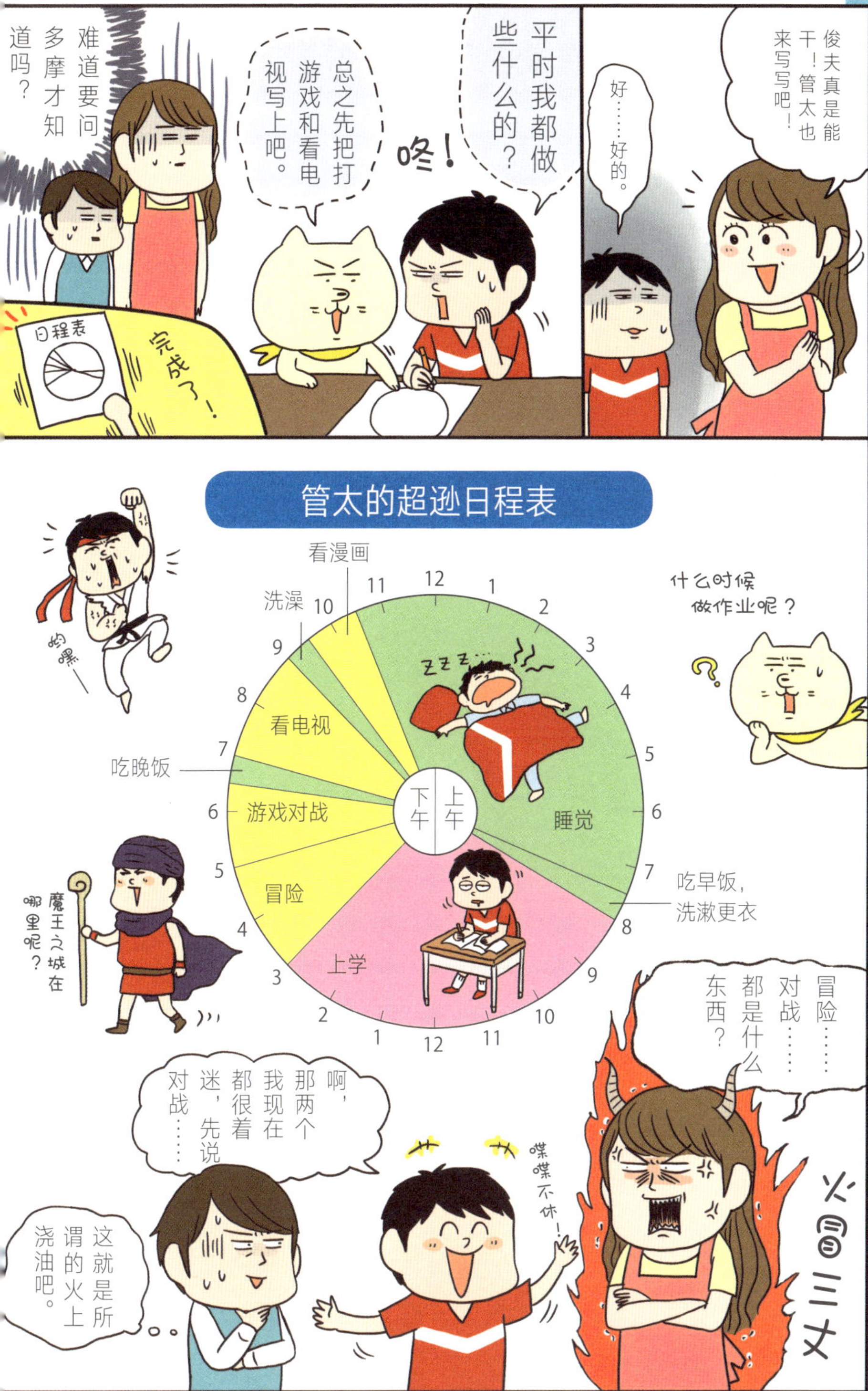

俊夫真是能干！管太也来写写吧！
好……好的。
平时我都做些什么的？
咚！
总之先把打游戏和看电视写上吧。
难道要问多摩才知道吗？
日程表
完成了！
管太的超逊日程表
看漫画
洗澡
吃晚饭
睡觉
看电视
游戏对战
冒险
上学
吃早饭，洗漱更衣
下午
上午
12
1
2
3
4
5
6
7
8
9
10
11
12
1
2
3
4
5
6
7
8
9
10
11
什么时候做作业呢？
哟嘿
魔王之城在哪里呢？
冒险……对战……都是什么东西？
火冒三丈
喋喋不休！
啊，那两个我现在都很着迷，先说对战……
这就是所谓的火上浇油吧。

你也来写写一天的日程表吧！

①先把一天生活中固定事项的时间写下来。
早饭、晚饭、睡觉、洗澡等——绿色的部分
②把计划好的事情写下来。
上学、写作业、上课外班等——粉色的部分
③把自由时间要做的事情写下来。
看电视、打游戏、看漫画等——黄色的部分

每天日程表

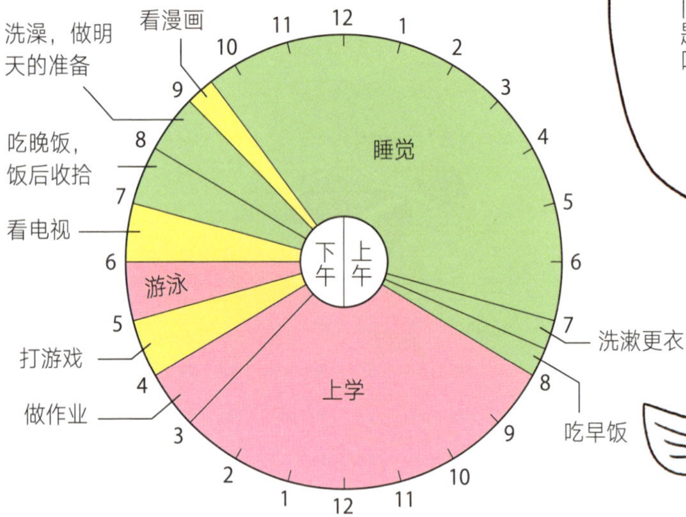

鲇鱼博士说重点

把一天的日程写下来之后，什么事情需要多长时间完成就能一目了然了。

五、六年级小学生的日常生活

● 平日（上学日）的小学生生活 （五、六年级）

睡眠时间	8 小时 40 分钟
做作业的时间	50 分钟
辅导班的学习时间	30 分钟
室外玩耍、运动的时间	20 分钟
看电视、玩电脑的时间	15 分钟
读书看报的时间	8 分钟
看漫画、杂志的时间	5 分钟

把精力集中的时间有效利用起来

鲇鱼博士说重点

上午是精力集中的时间段，认真吃早餐，
可以提高上午的专注力哦！

还能减少发呆和烦躁的时间，
集中精神！

晚上
喵
话说，要不去写个作业吧。
偷喵一眼
很棒哦！
不错！
还没做作业吗？
作业做得太晚了。
嗖
嗖
呀？
呀？
什么时候做是很重要的！
哇！
嗖
是的，时机非常重要！
嗖嗖嗖！
时、时机？
这是什么？

专注力高和专注力低的时间段

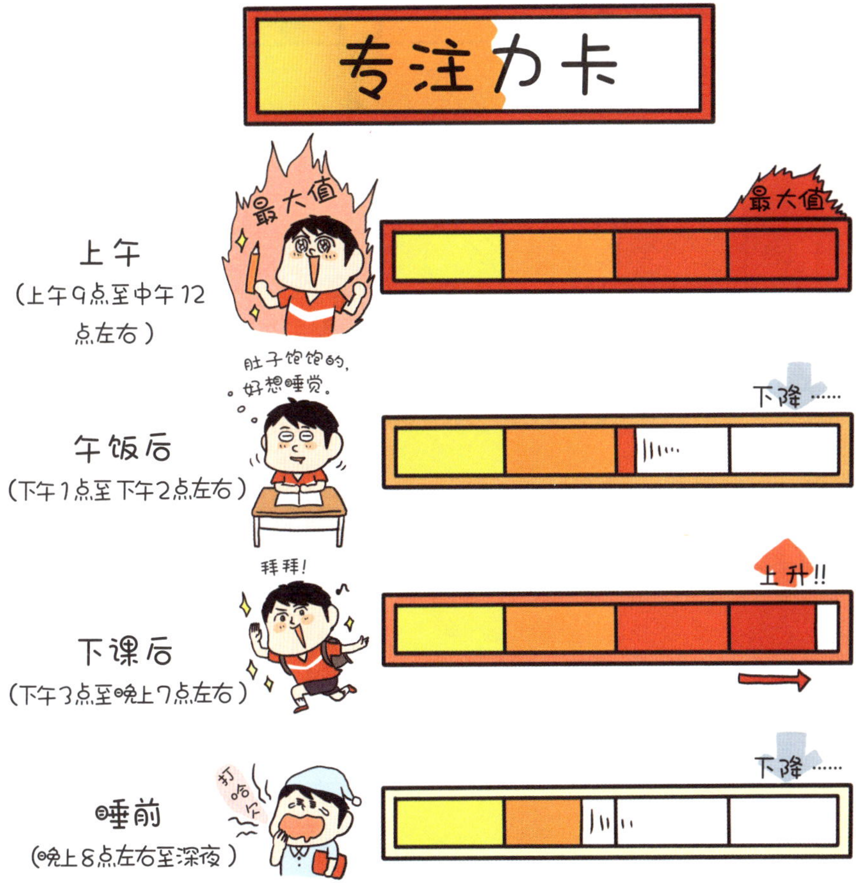

鲇鱼博士说重点

晚饭之后容易犯困，而且越晚越觉得疲劳。

放学回家后立刻做作业，在晚饭之前把作业完成。

具有时间意识

时间给人的不可思议的感觉

开心、集中精神的时候

正在踢足球的管太

准备猎捕鲇鱼博士的多摩

→感觉时间过得好快！

不开心、没有干劲的时候

正在承受妈妈怒火的爸爸

拼命逃脱多摩追捕的鲇鱼博士

→感觉时间过得好慢。

鲇鱼博士说重点

开心的时候，时间过得飞快！

一天打两个小时游戏，日复一日，

相当于一年里整整打了一个月的游戏。

鲇鱼博士说重点

将玩耍时间和磨蹭时间中的五分钟用来做其他事情！

嗯，5分钟的话，不玩就不玩吧。
嗯？
哈哈……
不过有件事要你现在做一下。
啊，现在刚好有事。
嗖——
啊哦。
嗖嗖嗖！
？
囧
来，写一写这个。
嗖！
这些我不知道啊！
咚！
理子手绘！
花费时间表
平日生活
所需时间
睡眠时间
刷一次牙
吃早饭
从家到学校
上课
喜欢的动画片
吃晚饭
总有一个是知道的吧？
嗯，睡眠时间大概八个小时吧……
嗯嗯。
虽然有些时候睡得更多。
唰唰唰！
看动画片是30分钟！
哦！不错！
从家到学校是20分钟。
嗯嗯！
咚！

需要花费多少时间？

理子手绘！

花费时间表

平日生活	所需时间
睡眠时间	8小时
刷一次牙	3分钟
吃早饭	30分钟
从家到学校	20分钟
上课	6小时
看喜欢的动画片	30分钟
吃晚饭	1小时
从家到车站	20分钟
写作业的平均时间	？

需要花费多少时间？我好像从没认真思考过这个问题。

你也做一张属于自己的花费时间表吧！

完成了！
好棒！
我来看看！多长时间呢！
嘿嘿嘿！
嗯？
作业这个地方标了问号，是什么意思？
呵呵呵！
欸？那个……
完了，要是妈妈知道是因为平时不好好做作业，所以写不出，她肯定会生气的！完了完了……
是因为平时不认真写作业，所以不知道吧？
呵呵！
露馅儿了！
呵呵！
今天会做的吧，管太！
你是皮痒了吧？
嗯，嗯！
吓

鲇鱼博士说重点

培养良好的时间意识，就能知道做什么事情需要花费多少时间，轻松制订出计划！

爸爸！
怎么啦？啊，对了，要对妈妈保密哦！
哇哈哈……
你们准备两个人自己去餐厅吗？
怎么可以把我们留在家里呢？
啊！
啊！
讨厌啦，多摩，我每天都准时敷面膜的哦。
叽叽喳喳
多摩拖延时间中
叽叽喳喳
夫人您的皮肤真是好啊。
啊哈，心情不错。
爸爸把用手账做计划的方法教给我了哦。
嘿嘿！
嘿嘿！
太棒了，不愧是爸爸！
哈哈，这个……
之后
我想要双棒球鞋。
我想要条连衣裙哦。
嘿嘿！
好好好，买给你们，不过要对妈妈保密哦。
鱼罐头哦。

妈妈生气的真相

真郁闷。
啊……
每天都被妈妈骂，越来越没劲了。
嗯嗯。
喵
明明没做什么错事。
当
没做错事？管太的日常……
先把作业完成。
电视看太多了。
真是够了！
早点睡觉！
嘀！
欸？？
还没做完吗？
扑哧！
哼哼！
妈妈总是一下子就暴怒。明明不需要那么生气啊！
打哈欠
我懂我懂。

还是小多多能理解我呀！
心灵之友！
呀！
不好！
啪！
……
呃！
嗖——
不要把我扯进去。
居然逃了。
抱空
管太，我理解你。
那，那个声音是……
爷爷！
吼吼吼！
乖，到爷爷这里来。
爷爷和我是一队哦！
锵——
管太的心情，
妈妈的心情，爷爷都很理解。
呃！
原来爷爷是和妈妈一队的。
嗖！
啊！
不，不是的！
管太，我们一起来想想妈妈暴怒的原因！
……

情形① 早点睡觉！

晚上
管太，早点睡觉。
嗯。
啊哈哈！
漫画
翻来滚去
10分钟后
管太！
知道了，知道了。
噗
放了个屁
翻来滚去
20分钟后
怒
怒
怒
怒
怒
管太……
哇哈哈哈！
知道啦！
管太！我让你早点睡觉！
啊呀！
好可怕！

好不容易有点自由时间。
要是睡了，一天不就结束了吗？
你不是一直都很自由吗？
管太啊，如果你很晚才睡，第二天会很没精神吧？
气鼓鼓
我可以上课的时候睡觉，没关系的！
ZZZ……
……
眼睛竟然睁着。
那……那可不行哦。
只不过会因为睡眠不足有点晃晃悠悠的。
啊！
晃晃
悠悠
这样很危险，妈妈也会担心你的。
啊？是吗？
肯定是的，妈妈的心里话是……
咚！
充足的睡眠是孩子成长中不可或缺的。
啪！
健康是最重要的！
她心里一定是这样想的。
爱，是爱哟。
这衣服从哪里来的？
嗯……嗯……

情形② 先把作业完成！

我回来了！
啪
我来了，游戏游戏！
啪嗒！
扑通！
先把作业完成吧。
我晚点做，等吃完饭吧！
不用担心——
记得好好做作业哦。
晚饭后——
嗝——
我吃完啦！谢谢！
好了，打游戏！
嗒嗒嗒！
呜！
揪
住
作业呢？
这个我没收一会儿。
游戏机
不要啊——

我都说过一会儿会做的！
就算她不催，我过会儿也会做的啊！
还没见过不催就主动做作业的时候。
哼——
管太打算什么时候做作业呢？
……
安静
…
今天的作业呢？
我不想理作业的事啊！！
哇哇哇！
哇！哇！
嗖嗖嗖
！
冷静一下，管太。
唰！
说明：
爷爷的胡子有让人安心的效果哦！
这么说来，管太，妈妈一定是觉得……
安心
嗖嗖嗖！
看我可爱吧！
把必须做的事情先做好，心情才会比较愉快哦！
又来……
她会不会是这样想的呢？
要是没有作业就好了。
很难过是吧？
摸头

情形③ 还没做完吗？

管太，明天要准备的东西准备好了吗？
要早一点准备哦。
等我先去洗个澡——
嗒嗒
20分钟后
啊——真舒服啊！
热热
乎乎
管太，明天的东西准备好了吗？
呼
刚刚洗完澡，等我休息会儿。
30分钟后
喵
哦！多摩来了。
哇哈哈哈！
看这个，看这个——
喵喵！
喵喵！
管太！
还没做完吗？
啊！
好可怕！

这也还没做，那也还没做，总说我！真是烦死了！
烦躁
烦躁
因为你逗多摩玩了呀。
欸？
啊，那是……
那是因为多摩看起来想要人陪它玩啊！
真是的！
你说什么？
都怪你！害我明天的准备没有做，明天可能要迟到了！
啊——
喵
管太啊，妈妈一定是想，
你这样下去就没有时间做明天的准备了呀。
妈妈实在太担心你了！
她一定是这样想的。
我知道！可是……
还没做完吗？
还没做完吗？
总这样说，太烦了呀！
很难过，对吧？管太，爷爷理解你。
爷爷！
ひしっ
哼，以后再也不跟你玩了！
气哼哼

情形④ 电视看太多了！

晚饭后——
哈哈！
哈哈！
一个小时后——
老公，谢谢你。
间子，我来帮忙。
啊哈哈哈！
啊哈哈哈！
两个小时后——
还在看。
哦呵！呵呵！
啊哈哈！
电视看太多了！
嘀——
啊！
噗——
啊！
你！！！
啊！
微笑假面
你想说什么？
什……什么也没有！
战战
兢兢

刚刚正播到关键的情节！
好想看啊！
吃过晚饭后，一直在看电视吧？
不是啊！我还打游戏了！
哼！
喵！
这不是值得炫耀的事情。
总是盯着电视看，眼睛会累吧？
这么说的话，眼睛确实有点干干的。
那就是眼睛累了呀。
眼睛涩涩的
电视看太多了，对眼睛不好的哦。
泪光闪闪
妈妈一定是想让你在规定的时间内看电视。
谁让一直都有电视节目在播放嘛。
把要看的电视节目提前定下来如何？
变成漫画脸了哦。
喵——
那……就是全部！
眨眼
喵！
你那双眼睛是定不下来的。

金成说重点

早点睡觉！

孩子的成长中充足的睡眠不可或缺哦！

电视看太多了！

电视看太多对眼睛不好，希望管太在规定的时间看电视哦。

先把作业做完！

先把必须做的事情做好，心情才会更愉快哦。

还没做好吗？

凡事不提前做好准备，就会来不及哦。

关于时间的金句 1 时间就是金钱

为什么说时间特别珍贵？

电影院
到了！
好期待哦——
快
啊！这是时间战士的广告！
守卫时光的战士
时间战士
时间战士与磨蹭怪兽
要快点了哦，电影马上要开始了。
真的耶！好帅！
电影结束后
哎！时间战士真是太帅了！
嗯，不过现实中的时间战士可是我们自己哦。
把磨蹭怪兽打败的那一场好帅哦。
俊夫戴着这手表。
铮
铮
铮！
嘿嘿嘿，这是我的生日礼物。
好想要时间战士的手表哦。
唰！
正在发售中
打败磨蹭怪兽！
嗯？
拿这个可以变成时间战士吗？
闪闪
金光
握手
欸，不可以。
算了。
……
没意思。
啪！

不过，我们可以像时间战士那样珍惜时间哦，因为戴了手表可以知道时间呀。
爸爸也戴着手表哦。
珍惜时间？
时间为什么珍贵呢？
摸不着头脑。
嗯，那是因为……
怎么说才好呢？
啊！
在卖时间战士的手表！
商店
时间战士的手表
发售中
你也可以成为时间战士！
243元
欢迎光临！
锵锵锵！
爸爸，给我买一个！
安静一会儿！
啊！
不行，不行。
哇！
啊！
啊！
啊！
买给我嘛。
管太！
啊，巴士马上要来了。
呀！那得抓紧时间了！
还有三分钟。
管太，你快起来！
买给我嘛。
拖拖拉拉
嗒嗒嗒！
我们要乘车！
啊，还好赶上了。
呼！
呼！
呼！

管太呀，你想知道时间为什么珍贵吗？
这个声音从哪里来的？
这，这是谁？
嗯？
嗖
这个就由我鲇鱼博士来告诉你吧。
哇啊啊啊！
黏糊糊
管太和俊夫拜时间所赐
能够会合
看了电影
赶上巴士
黏糊糊的啊！
因为定好了十点会合嘛。
如果没有时间该怎么办？
嗯……
吼吼吼！
天亮集合！
原始人吗？
嗷嗷！
呀吼呀吼！

鲇鱼博士说重点

等巴士、坐电车、上学校等，我们生活的社会是依照时间运转的哦。

家里和街上有很多

巴士时刻表的查看方法

时刻	平日（××站方向）								
5	06	19	32	40					
6	06	19	32	40					
7	04	12	20	28	36	44			
8	04	12	20	28	36	44	48	52	58

几点　　几分

东西是靠时间运转的

回家后
我们回来了。
嗯——
这是怎么了？居然在看报纸！
啊！
不是发烧了吧？！
嗯——
惊慌
难道对什么感兴趣了？
这个！
电视节目一览表
啊，这个啊！
看了这个，就能知道几点几分在哪个频道有什么节目啦！
电视节目一览表的查看方法
猫咪电视台 2
频道
6 00 新闻时间
55 唱歌时间
7 00 早安！我是喵太
30 时间战士
8 00 早安节目8
9 00 特别专题节目
几点
几分
节目名称
没意思。
什么嘛，还是看电视啊。
走了，走了。
嗯，六点开始播报新闻呀。
嗯。
嗯。七点半开始播放《时间战士》！
吼吼！
是的呢——
我晕
这是最重要的电视节目啊！

怪兽 变 英雄？

要怎么样才能变成时间战士那样的英雄呢？
时间战士
嗯……不知道。
怪兽卡
我倒是觉得这个更像我。
磨蹭怪兽
吼吼！
磨蹭怪兽跟管太好像哦。
叮——
哎呀！
一动不动
……
啊！对了对了，要是有变身腰带是不是就可以了呢？
我们用电脑查一查吧！
爸爸！把电脑借给我！
在那之前，先玩个免费游戏吧。
磨磨
蹭蹭
嘿嘿嘿！
晕
PC
果然是磨蹭怪兽。
怪兽卡会出现哦！快来找找看！★

第2章

学会时间管理会变帅哦

认真过好每一天

作业必须做，游戏也想玩。
从现在开始，我要提高效率！
一分钟也不能浪费。
哇哦！好忙！
手忙脚乱
手忙脚乱
管太——
嗯？
奶奶！
陪我练个舞吧？
我现在没有时间呀。
急得跺脚
管太不陪我，不开心了。
真是没办法。
管太，你现在看起来很忙呀。
嗯，时间完全不够用。
太遗憾了，太遗憾了。
哭哭啼啼
奶奶您什么意思啊？

管太开始觉得不能浪费时间了，这是好事。不过呢，你照照镜子。
这样你就能明白奶奶的意思了。
啊！
头发乱糟糟
牙膏渍
衣服穿反
拉链没拉
叮——
事情都只做到一半，结果全部要重新做哦。
嗯嗯，
呕呕
想要合理地利用时间，前提是认真生活呀！
?!
当！
嘭！
扑通！
摇摇晃晃
奶奶！您怎么了？
没关系吧？
这个味道……有点恶心。
管太，间子。
我来助你们一臂之力。
嗯！
味道？

建议① 不要一心两用

两件事情同时做看起来很帅气哈。
好的！我明白了！
啪嗒啪嗒！
来了！
砰！砰！
帅气男子印象图
嗯！这是帅气男人的样子！
?!
所以开始一心两用吧！
嗯！
一边做明天的准备
一边看漫画
管太“华丽”的
一心两用生活画卷
啊哈哈！
塞啊塞
哇哈哈哈哈
唾沫
飞溅
TV
一边吃晚饭，
一边看电视。
刷刷刷
刷刷刷
擦擦擦
一边刷牙，
一边照顾多摩。

不过吃的东西会从嘴里漏出来，忘记的东西越来越多，多摩还会生我的气。
完全没有做好。
唉！
这样吗？不过没关系，习惯了就会好的。
管太的爸爸，你错了！
鲇鱼博士！
你看看这个！
啪嗒！
噌噌噌
啊——
啊啊啊
啊，好危险！
一边看手机，一边做其他事情会很危险的哦。
是吗？
确实。
如果同时做两件事，注意力会被分散的哦。
你们明白了吗？
逼近
是的，明白了！

建议② 减少二次麻烦

※片仔在《学校学不到的成长课》系列的《小学生也要学的整理术》中有出现哦！

某一天的管太，正在做作业的样子

鲇鱼博士说重点

减少二次麻烦的重点

- 为了避免重做，不要着急，认认真真做事。
- 一件事做到底，结束之后再做第二件事。

建议③ 把每天要做的事情做成备忘录

鲇鱼博士特制备忘录

起床后

- 换衣服
- 洗脸
- 刷牙
- 拿出手帕、纸巾
- 戴上帽子

回家后

- 拿出要洗的衣物
- 把学校的联系手册交给家长
- 做作业
- 准备明天用的物品

这都是些理所当然的小事嘛！
不错，不过有了这个，就能减少丢三落四哦！
是吗？
好！那我就做个备忘录试试吧！
爸爸的用武之地呢？
管太是个好孩子，你放心吧！
快一点，快一点。
终于到我出场的时候了。
我差不多可以走了。
……
呼——
啪嗒——
本来打算交给时朗的，不过实在不放心。
结果还得我来搞定。
……
……
乱跳
乱蹦
博士！你再忍耐一下！

间子说重点

认真过好每一天的三个建议

- 不要一心二用
- 减少二次麻烦
- 把每天要做的事情做成备忘录

之前

→ 需要重做，反而增加了麻烦。

之后

→ 不需要重做，也减少了错误。

还能提高自信心哦！

关于时间的金句 2 为时已晚

注：在日语中，晚（ososhi）与寿司（osushi）发音相近。

我不想急急忙忙赶时间

丁零零——
六点半
嗯——
嗯！
眼睛
早上好，多摩。
笑眯眯
早上好，管太。
笑眯眯
今天比平时起得早呢！
好了，早饭来啦！
热气腾腾
今天的松饼很好吃哦，妈妈！
笑眯眯
妈妈？
是……是吗？
冷汗
一个小时后
悠闲
美好的早晨！
呜呼呼呼。
发呆

管太，管太。
嗯？
再不去准备，上学要迟到啦！
哇！
欸？都这个时间了？
哇哇哇哇哇！
呃！
我还什么都没准备啊！
手忙脚乱
啊——体操服怎么不见了？
随便乱扔
时间明明应该很够用啊。为什么？
呜呜呜！
我们还想问你呢！

建议① 不拖延

不知不觉时间就过去了，觉得平时立刻能做的事情可以再等一等。
我懂，我懂。
就是不知不觉。
真是自信。
嗖——
啊，博士。
相信自己不是坏事，不过为了避免急急忙忙赶时间，
变得有些不帅也很重要哦！
欸？
不帅？
不帅的我……
蹦蹦跶跶
蹦蹦跶跶
嗯……
我拒绝。
变成鱼我接受不了。
你在想什么？

之前

自信满满的样子，却总是在快到时间时慌慌张张。

- 明天的准备等明天早上再做就好了。
- 看上去很快就能完成，就等一会儿再做吧。

之后

稍稍有些不放心，不过总是能来得及。

- 为了防止落下东西，早早准备好。
- 看上去很简单的事情很可能会需要花费时间，所以该干的事情不拖着。

建议② 将物品的摆放位置固定下来

如何决定物品摆放的位置？

- 经常使用的物品放到方便取还的地方。
- 其他物品放到使用地或者相关地。

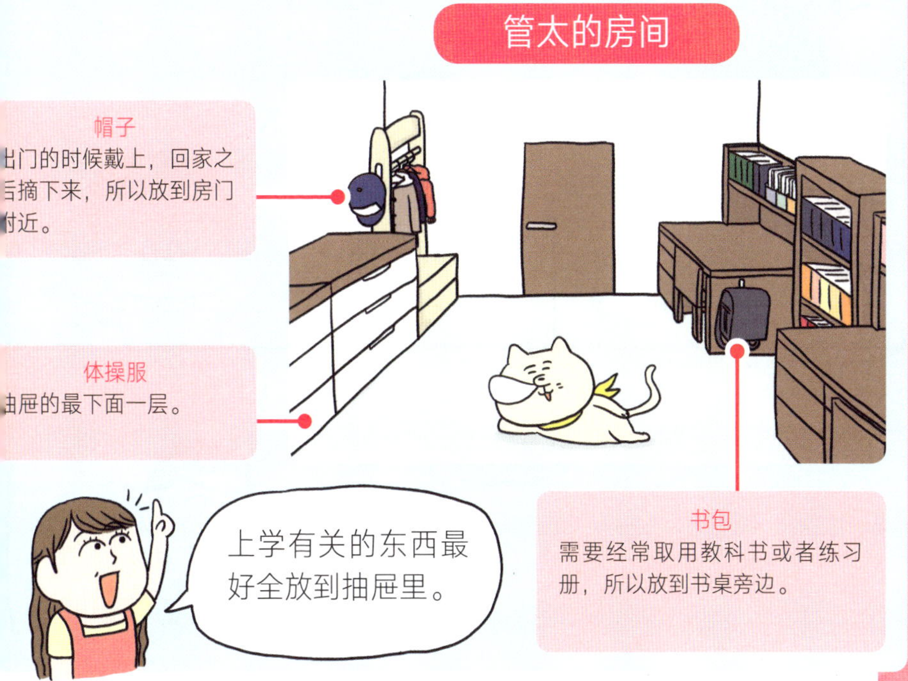

建议③ 做好"汇·联·商"

和家人的"汇·联·商"

汇——汇报今天的安排。

联——联络学校的活动。

商——请家人帮忙。

*所谓"汇·联·商"，即汇报、联络、商量的统称。

注：在日语中"汇报·联络·商量"中首个汉字连起来的发音与"菠菜"一致。

对于『汇·联·商』来说，尽早执行是非常重要的哦。
趁新鲜的时候！
新鲜
嗒嗒嗒！
管太到前一天晚上才跟妈妈商量，这是不应该的。
蔫蔫
新鲜
摇摇晃晃
是……
是……
拿这次学校需要带布的事情来说，就需要准备出旧的毛巾再缝起来。
啊！歪掉了。
又要再来一遍了。
嗒嗒嗒！
这很花时间呢！
是哦，而且妈妈对手工也不太在行。
任何事情都不能仅凭自己的判断就认定是不重要的事情哦。
如果能认真做好『汇·联·商』，那么『时间不够了』『时间安排撞车』之类的麻烦，
新鲜
就能避免了！

鲇鱼博士说重点

防止慌慌张张赶时间的三个建议

①不拖延。

②将物品的摆放位置固定下来。

③做好“汇・联・商”。

→结果急急忙忙赶时间。

→完全来得及，之后就会很轻松。

怪兽卡

发呆兽

特　征：	抢走早起或空闲的人的时间，明明醒着却是睡着的状态。
出没地：	床上、浴室、厕所
必杀技：	瞌睡光线
攻击值：	★★★★★ 等级3
弱　点：	人们把冷水泼到脸上之后会消失。

大小：如果到截止时间或者上学时间，还有空闲时间，就会变大。

体重：如果到截止时间或者上学时间，还有空闲时间，就会变重。

“嫌麻烦”能产生发明？

体育课
哇
哇
下一堂课需要脏了的体操服，所以尽情把衣服弄脏吧！
差一点儿！
看我的！
差一点儿。
第二堂课
今天我们来对比一下现在的生活和过去的生活！
今天用手来洗体操服吧！
欸？？
锵——
这就是以前洗衣服的用具吗？
水好凉。
讨厌啦——
凉凉凉——
拧干衣服也很费事啊。
……
以前都是用手洗的哦。

脏兮兮的洗不掉。
呼哧！
呼哧！
常盘觉得怎么样？
太麻烦了！
呜哇哇哇！
我不干了！
没错，正是因为『嫌麻烦』的想法，才有人发明了洗衣机。
这是为了提供方便的发明。
这么说，总是『嫌麻烦』的管太能有大发明了哦！
!!
吼吼！
好！那就发明一个『自动做作业机』！
咚！
俊夫，你来做！
晕

似是而非的时间之谜

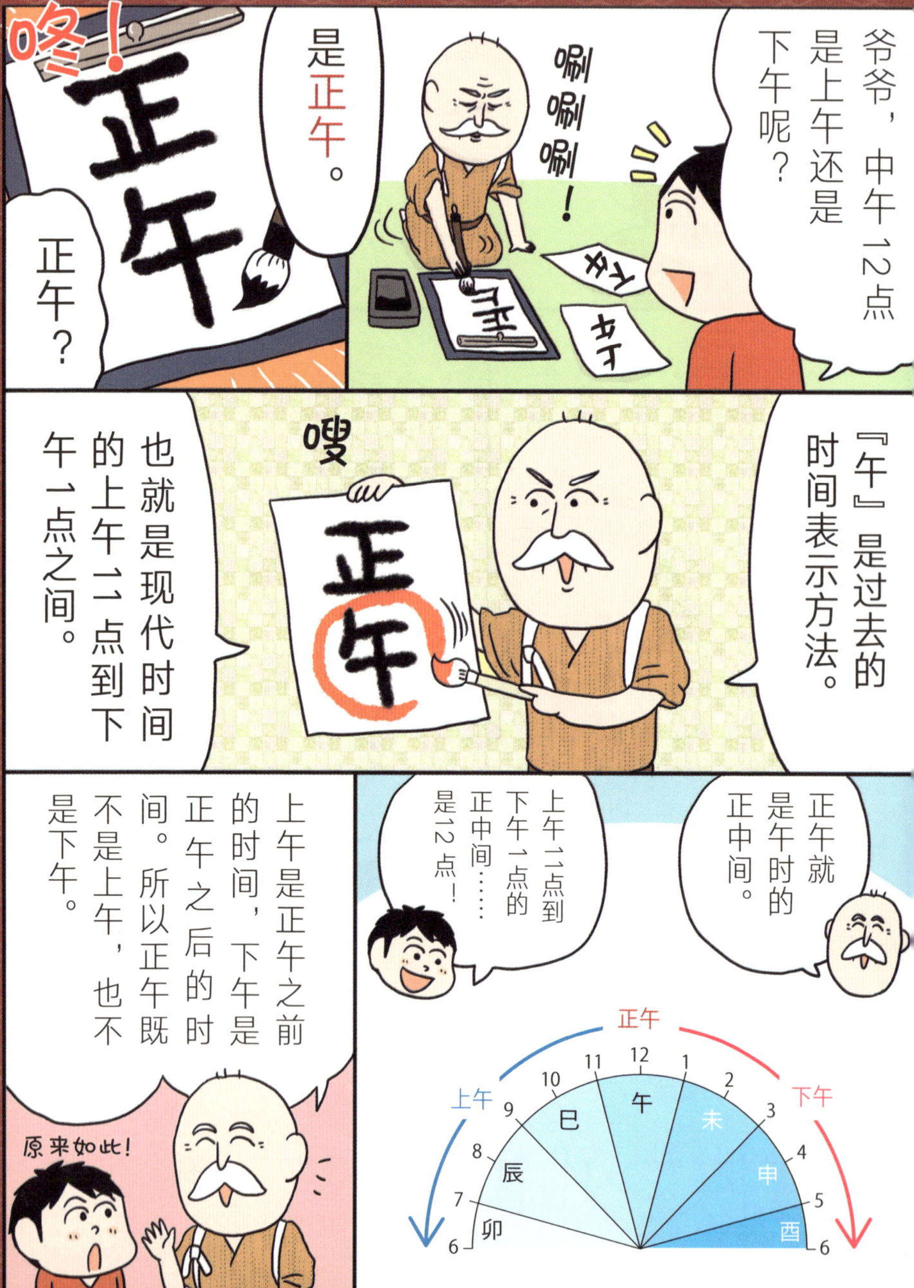

爷爷，中午12点是上午还是下午呢？
唰唰唰！
是正午。
咚！
正午
正午？
『午』是过去的时间表示方法。
嗖
正午
也就是现代时间的上午11点到下午1点之间。
正午就是午时的正中间。
上午11点到下午1点的正中间……是12点！
正午
上午
下午
12
11
1
10
2
9
3
8
4
7
5
6
6
巳
午
未
辰
申
卯
酉
上午是正午之前的时间，下午是正午之后的时间。所以正午既不是上午，也不是下午。
原来如此！

怪兽卡

麻烦兽

特　征：	攻击那些有事必须做的人。一旦被它攻击，就会感到麻烦，丧失干劲。
出没地：	饭后的餐厅，看书时。
必杀技：	拖延毒气。
攻击值：	★★★★★ 等级2
弱　点：	人们开始做事或者做作业之后，它就会变弱。

大小：事情或者作业越难办就越大。

重量：事情或者作业越难办就越重。

间子的幸福时刻秘诀

妈妈一直在想着怎么节省时间吗？
不是这样的哦。
激动
偷偷摸摸
这些我不会在大家面前说的……
我觉得吃饭的时间是不能缩减的哦。
嚓嚓嚓——
我希望大家能感受到食物美妙的味道和烹饪时发出的声音。
不愧是妈妈！
崇拜的眼神
哎呀，这倒不好意思了。
而且，我希望大家在吃饭的时候能开心地聊天交谈呢。

对了，食物的样子看起来也很重要吧！
没错！要不要一起给爸爸做明天带到公司的便当呢？
嗯！
嘿嘿嘿嘿……
嘻嘻嘻……
第二天
我的便当！
我的便当！
叮——
爱
鲇鱼芙子
盖子
哇啊啊啊……

绝招！『一周计划表』

我回来啦！
欢迎回家！
今天要不来收拾一下房间吧！
乱糟糟
真是难得，喵！
欸？
真棒呀！要不要吃小点心？
好棒！
第二天
好嘞！
今天继续收拾房间！
喵！
欸？又收拾房间吗？

第三天早上
咕哝……咕哝……
啊！
忘记写作业了！
糟糕！
吃完饭马上去写作业！
我回来啦。
欢迎回来！
呼——
交作业了吗？
扑通！
总算是交上去了。忙着收拾房间，结果完全没时间写作业了。
有好多事情要做啊！怎么办？
没关系的！
呜呜呜！
因为有绝招！
『一周计划表』！
咚——咚——咚——
欸？那是什么？

准备“一周计划表”！

必做的事情做成以下列表

- 准备两张纸，先把表格和标题写好。
- 然后写下内容。

标题：必做事情列表 ——每天要做的事情——

内容	程度	时间
学校作业		
复习理科		
复习社会课		
复习语文		
家务帮忙		
第二天的准备		

标题：必做事情列表 ——每周要做的事情——

内容	程度	时间
整理房间		
复习数学		
学习汉字测试的内容		

内容

标题

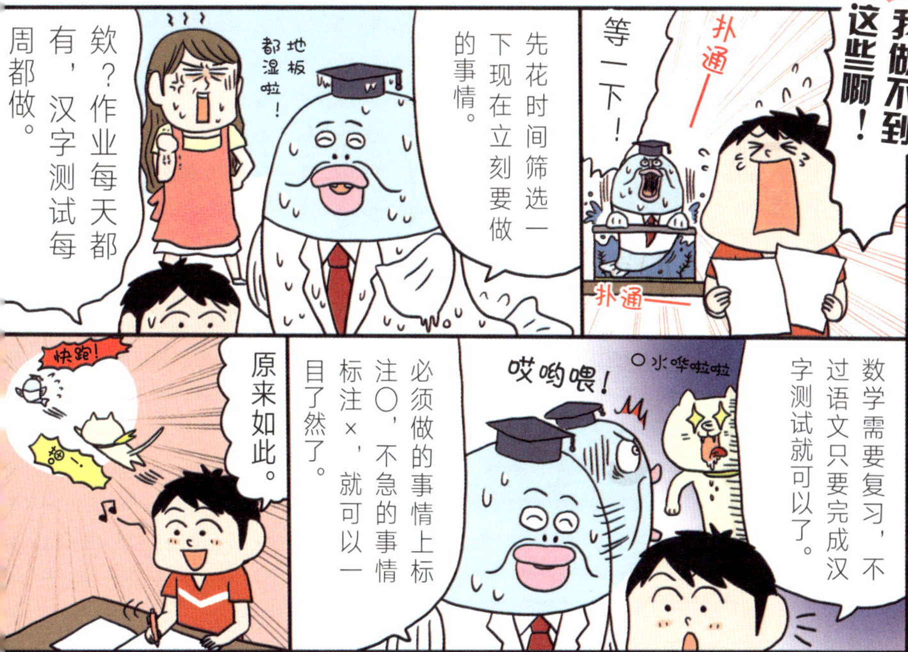

我做不到这些啊！
扑通—
扑通—
等一下！
先花时间筛选一下现在立刻要做的事情。
地板都湿啦！
欸？作业每天都有，汉字测试每周都做。
数学需要复习，不过语文只要完成汉字测试就可以了。
○水哗啦啦
哎哟喂！
必须做的事情上标注○，不急的事情标注×，就可以一目了然了。
原来如此。
快跑！
嗷！

把内容用○和×标记出来！

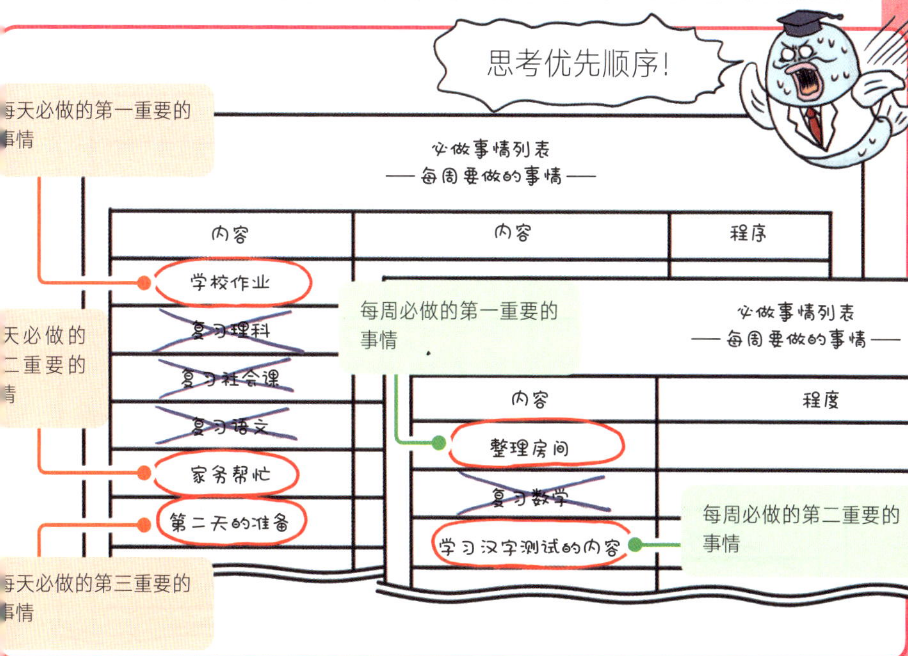

思考优先顺序！
每天必做的第一重要的事情
天必做的第二重要的事情
每天必做的第三重要的事情
必做事情列表
——每周要做的事情——
内容
内容
程序
学校作业
复习理科
复习社会课
复习语文
家务帮忙
第二天的准备
每周必做的第一重要的事情
必做事情列表
——每周要做的事情——
内容
程度
整理房间
复习数学
学习汉字测试的内容
每周必做的第二重要的事情

要做的事情定好之后，就把时间和程度也定好吧！

无压力的，可以做到的程度

做完这件事所需要的时间

必做事情列表
——每天要做的事情——

内容	程度	时间
学校作业	当天作业	30分钟
~~复习理科~~		
~~复习社会课~~		
~~复习语文~~		
家务帮忙	把碗碟撤下来	5分钟
第二天的准备	课程表、需带物品	10分钟

必做事情列表
——每周要做的事情——

内容	程度	时间
整理房间	整理书桌和书架	30分钟
~~复习数学~~		
学习汉字测试的内容	写10个汉字	10分钟

鲇鱼博士说重点

放学前后或者吃饭之前更容易集中精神哦！

有意识地寻找自己能够集中精神的时间吧！

制作“一周计划表”！

时间	周一	周二	周三	周四	周五
上午 6:00	睡眠	睡眠	睡眠	睡眠	睡眠
6:30	睡眠	睡眠	睡眠	睡眠	睡眠
7:00	洗漱	洗漱	洗漱	洗漱	洗漱
7:30	早饭	早饭	早饭	早饭	早饭
8:00	上学	上学	上学	上学	上学
8:30	上学	上学	上学	上学	上学
……					
下午 3:00	学校作业	学校作业	上学	学校作业	学校作业
3:30	学校作业	学校作业	上学	学校作业	学校作业
4:00	与小伙伴玩耍、打游戏	与小伙伴玩耍、打游戏	学校作业	与小伙伴玩耍、打游戏	与小伙伴玩耍、打游戏
4:30	与小伙伴玩耍、打游戏	与小伙伴玩耍、打游戏	学校作业	与小伙伴玩耍、打游戏	与小伙伴玩耍、打游戏
5:00			足球教室		
5:30			足球教室		
6:00	练习汉字	自由时间	自由时间	自由时间	练习汉字
6:30	晚饭（吃过晚饭帮忙收拾）	晚饭（吃过晚饭帮忙收拾）	晚饭（吃过晚饭帮忙收拾）	晚饭（吃过晚饭帮忙收拾）	晚饭（吃过晚饭帮忙收拾）
7:00	自由时间	自由时间	自由时间	自由时间	自由时间
7:30	自由时间	自由时间	自由时间	自由时间	自由时间
8:00	睡觉	睡觉	睡觉	睡觉	睡觉
8:30	看电视	看电视	看电视	看电视	看电视
9:00	看电视	看电视	看电视	看电视	看电视
9:30	睡觉	睡觉	睡觉	睡觉	睡觉
10:00					

按照时间顺序，安排在学校和在家里的时间，将每天或每周必做的事情写下来！
如果涂上不同的颜色，看起来会更轻松哦！

计划表已经填了不少啦。
啊！怎么回事？
啪嗒！
啪嗒！
哼！
啊！
妈妈，跟多摩玩耍的时间……
怯生生
怯生生
当然有哦！空出来的时间你们一起玩吧。
太棒了！
要把游戏的时间确定下来。
咔嚓！
接下来
大概是这种感觉吧。
嗯——
怎么了？
周日
周六
空白
空白
休息日怎么写呢？
有好多的时间。

休息日的计划要如何制订？

这是管太的“一周计划表”！

<table>
<tr><th></th><th>周一</th><th>周二</th><th>周三</th><th>周四</th><th>周五</th><th>周六</th><th>周日</th></tr>
<tr><td>6 : 00</td><td colspan="7" rowspan="2">睡眠</td></tr>
<tr><td>6 : 30</td></tr>
<tr><td>7 : 00</td><td colspan="7">洗漱</td></tr>
<tr><td>7 : 30</td><td colspan="7">早饭</td></tr>
<tr><td>8 : 00</td><td colspan="5" rowspan="14">学校</td><td rowspan="2">清理鱼缸</td><td rowspan="2"></td></tr>
<tr><td>8 : 30</td></tr>
<tr><td>9 : 00</td><td colspan="2">打扫房间</td></tr>
<tr><td>9 : 30</td><td colspan="2" rowspan="5">自由时间</td></tr>
<tr><td>10 : 00</td></tr>
<tr><td>10 : 30</td></tr>
<tr><td>11 : 00</td></tr>
<tr><td>11 : 30</td></tr>
<tr><td>12 : 00</td><td colspan="2">午饭</td></tr>
<tr><td>12 : 30</td><td colspan="2" rowspan="9">自由时间</td></tr>
<tr><td>1 : 00</td></tr>
<tr><td>1 : 30</td></tr>
<tr><td>2 : 00</td></tr>
<tr><td>2 : 30</td></tr>
<tr><td>3 : 00</td><td colspan="2" rowspan="2">学校作业</td><td rowspan="2"></td><td colspan="2" rowspan="2">学校作业</td></tr>
<tr><td>3 : 30</td></tr>
<tr><td>4 : 00</td><td colspan="2" rowspan="2">和小伙伴玩耍、打游戏</td><td rowspan="2">学校作业</td><td colspan="2" rowspan="2">和小伙伴玩耍、打游戏</td></tr>
<tr><td>4 : 30</td></tr>
<tr><td>5 : 00</td><td rowspan="2"></td><td rowspan="2"></td><td rowspan="2">足球教室</td><td rowspan="2"></td><td rowspan="2"></td><td colspan="2" rowspan="2">打游戏</td></tr>
<tr><td>5 : 30</td></tr>
<tr><td>6 : 00</td><td>练习汉字</td><td colspan="3">自由时间</td><td>练习汉字</td><td colspan="2">自由时间</td></tr>
<tr><td>6 : 30</td><td colspan="7">晚饭（晚饭后帮忙收拾）</td></tr>
<tr><td>7 : 00</td><td colspan="7" rowspan="2">自由时间</td></tr>
<tr><td>7 : 30</td></tr>
<tr><td>8 : 00</td><td colspan="7">洗澡</td></tr>
<tr><td>8 : 30</td><td colspan="7" rowspan="2">看电视</td></tr>
<tr><td>9 : 00</td></tr>
<tr><td>9 : 30</td><td colspan="7">睡觉</td></tr>
<tr><td>10 : 00</td><td colspan="7"></td></tr>
</table>

我们把计划表贴在客厅里吧！
这样大家都能督促管太执行计划。
计划表
嗯！
计划表已经完成了，
那么马上可以出去玩了！
嗒嗒！
学习汉字考试的内容……
学校作业
和小伙伴玩耍、打游戏
4：30
5：00
5：30
6：00
练习汉字
6：30
8：30
9：00
哎呀！
先把汉字练习完成吧！
转
身
真棒！
按照计划执行的我……
真是太帅了！
嘿嘿！
嘿嘿！
嘿嘿、
哦呀！
现在我也能成为时间战士了！
啪—
啪—
刺啦—
……

按计划执行的诀窍 再做一张“奖励表”！

看分数，决定奖励！

奖励表

执行了**计划**就请家人来盖章吧！

1	2	3	4	5	6	7	8	9	10
11	12	13	14	15	16	17	18	19	20
21	22	23	24	25	26	27	28	29	30
31	32	33	34	35	36	37	38	39	40
41	42	43	44	45	46	47	48	49	50
51	52	53	54	55	56	57	58	59	60
61	62	63	64	65	66	67	68	69	70
71	72	73	74	75	76	77	78	79	80
81	82	83	84	85	86	87	88	89	90
91	92	93	94	95	96	97	98	99	100

拿到20分！奖励是——时间战士的橡皮！

拿到50分！奖励是——特制汉堡牛肉饼！

拿到100分！奖励是——全家一起看足球赛！

尽情写下你期待的奖励吧！

遵守计划表的诀窍 游戏时间也要坚守计划！

后来
咚！咚！
我回来啦！
咚咚——
作业！
嘀——
分
秒
开始
停止
开始！
奋力写作业
啊——
奋力磨爪子
咔咔
好嘞！作业完成了！
晚饭后
谢谢妈妈的晚饭！
好的，谢谢！
今天的作业和汉字练习都做完了哦。
作业
好，我看一下。
好！这是今天的印章。
啪嗒！
计划表
太棒了！
看起来进展得很顺利呀。
嗯！

鲇鱼博士 说重点

有时能按照计划执行，有时会忘记了执行计划，请家人来监督比较好哦。

鲇鱼博士说重点

如果按照计划表来管理时间，就能清楚地知道什么时候该做什么，而且会干劲满满哦！

管太张弛有度的时间计划表

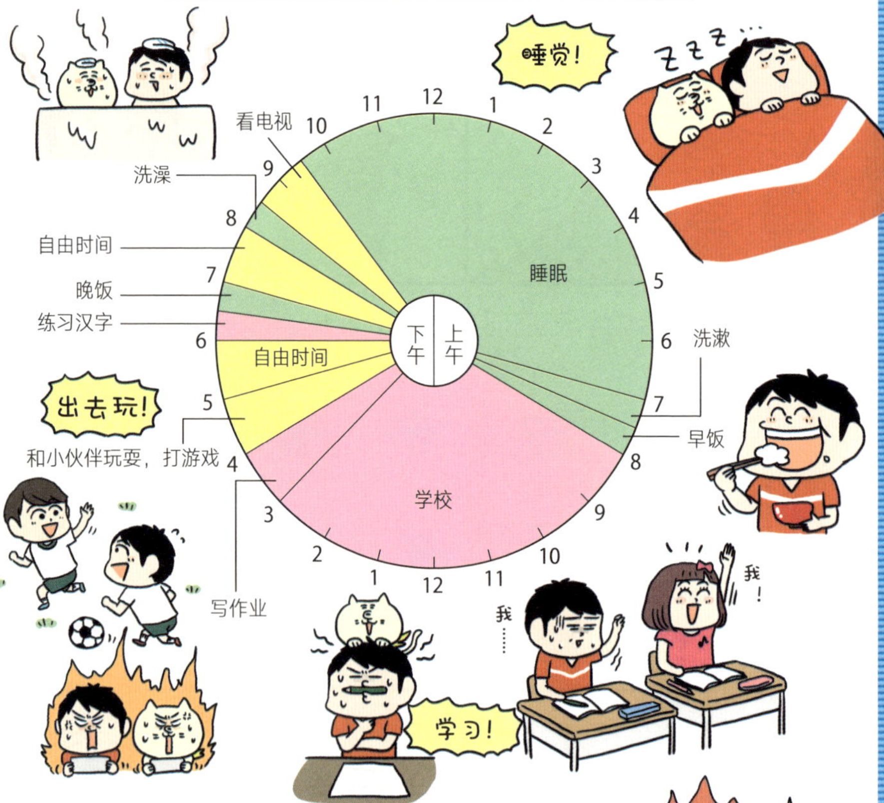

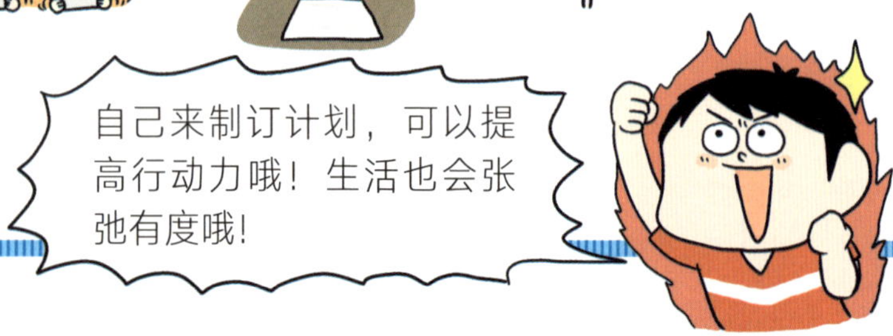

怪兽卡

咯叽咯叽

特　征： 不停给人安排事情。一旦被它袭击，就会被事情所累，丧失干劲。

出没地： 妈妈的周围

必杀技： 要事闪光灯

攻击值： ★★★★★ 等级3

弱　点： 人们把事情的优先顺序安排好之后，它的能量就会变弱。

大小： 事情越多就会越大。

体重： 事情越多就会越重。

『放学后计划表』也不错哦

丁零零——
丁零零——
最近的作业有点难啊。
喂！俊夫！
放学后一起做作业吧。
作业
今天要去游泳哦。
马上要升级考试了，要去练习了。
不好意思啦！
哼。
啊！是小樱！
小樱，小樱！
一起做作业好吗？
心跳加快
扭扭
捏捏
最近要钢琴演奏表演了，我想好好练习一下。
对不起啦。
这样呀，看来很忙呀。
打击

大家！
都看起来金光闪闪。
哗啦啦——
叮叮咚——
大家业余学习都那么忙，还能把作业做好。
我是一次性做好。
我作业是分阶段做完的。
看起来好消沉！
哎呀！
泄气
管太，我明天有时间哦。
我明天也可以哦！
大家一起去我家写作业如何？
真的吗？你们真好！
是真的！
欸？这是什么？
是『放学后计划表』。
放学后计划表
是『一周计划表』的精简版哦。

制作《放学后计划表》！

如何有效利用放学后到睡觉前的时间是非常重要的哦！

分阶段完成的情况

<table>
<tr><th>下午</th><th>周一</th><th>周二</th><th>周三</th><th>周四</th><th>周五</th></tr>
<tr><td>3:00</td><td>学校作业</td><td>自由时间</td><td>学校作业</td><td>自由时间</td><td>学校作业</td></tr>
<tr><td>3:30</td><td rowspan="3">和伙伴玩耍</td><td rowspan="2">业余学习</td><td rowspan="3">和伙伴玩耍</td><td rowspan="2">业余学习</td><td rowspan="3">和伙伴玩耍</td></tr>
<tr><td>4:00</td></tr>
<tr><td>4:30</td><td></td><td></td></tr>
<tr><td>5:00</td><td colspan="5" rowspan="2">自由时间（练习业余特长、家人团聚等）</td></tr>
<tr><td>5:30</td></tr>
<tr><td>6:00</td><td></td><td></td><td></td><td></td><td></td></tr>
<tr><td>6:30</td><td colspan="5">学校作业</td></tr>
<tr><td>7:00</td><td colspan="5">晚饭</td></tr>
<tr><td>7:30</td><td colspan="5">游戏、看电视</td></tr>
<tr><td>8:00</td><td colspan="5">洗澡</td></tr>
<tr><td>8:30</td><td colspan="5" rowspan="2">看电视</td></tr>
<tr><td>9:00</td></tr>
<tr><td>9:30</td><td colspan="5" rowspan="3">睡觉</td></tr>
<tr><td>10:00</td></tr>
<tr><td>10:30</td></tr>
<tr><td>11:00</td><td colspan="5"></td></tr>
</table>

学校的作业不能一下子完成时，就分成两次完成。

一次性完成的情况

下午	周一	周二	周三	周四	周五
3:00–4:00	学校作业	学校作业	学校作业	学校作业	学校作业
4:00–5:00	和伙伴玩耍	辅导班	和伙伴玩耍	辅导班	和伙伴玩耍
5:00–5:30	自由时间（家人团聚等）	辅导班	自由时间（家人团聚等）	辅导班	自由时间（家人团聚等）
5:30–6:00	自由时间（家人团聚等）	自由时间（家人团聚等）	自由时间（家人团聚等）	自由时间（家人团聚等）	自由时间（家人团聚等）
6:00–7:00	辅导班作业	辅导班作业	辅导班作业	辅导班作业	辅导班作业
7:00–7:30	晚饭	晚饭	晚饭	晚饭	晚饭
7:30–8:00	游戏、看电视	游戏、看电视	游戏、看电视	游戏、看电视	游戏、看电视
8:00–8:30	洗澡	洗澡	洗澡	洗澡	洗澡
8:30–9:30	自由时间（家人团聚等）	自由时间（家人团聚等）	自由时间（家人团聚等）	自由时间（家人团聚等）	自由时间（家人团聚等）
9:30–11:00	睡觉	睡觉	睡觉	睡觉	睡觉

学校的作业能一次性完成，每天做作业的时间段一致。

理子的
幸福时刻秘诀
理子
管太
俊夫，你来啦！
欢迎欢迎。
您好。
闪过
嘿嘿嘿……
没、没错……（其实那是武器。）
你姐姐的头发真漂亮呀。
隔壁姐姐
光泽
照人
那是当然！
我想和隔壁姐姐一样拥有一头秀发。
所以制定了符合自己的『专属时间』！

我会专门找个时间非常仔细地洗头发。
洗澡的时间会变成一种期待呢。
坚持下去就会变成现在的样子。
照这样下去成为杂志模特也不是梦了。
叮—
海报
人气模特理子告诉你!
光泽头发入门♡
嘿嘿!嘿嘿!
啊哈哈哈!
理子小姐!
啊，头发变成了小蛇!
真是太美好了!♥
哎呀呀呀!
咝—
看我的!
如果拥有了自己的专属时间，大家也会变得很开心哦!♥

关于时间的金句 3 三天打鱼，两天晒网

鲇鱼博士的空隙时间学习术 说重点

如果你想每天学习一些课堂之外的知识，那么灵活运用空闲时间可以逐渐成为能干的孩子哦。

推荐！在电视娱乐中学习

把图鉴或者地图放在客厅。

调查一下电视节目中出现的星座、动物、当地吉祥物或者明星的出生地也能学到知识哦。

推荐！利用上厕所的时间

在厕所里贴上国家地图、世界地图、地图记号、谚语或者成语的一览表。

嘿哟嘿哟，间子哦，间子哦，你做的饭最好吃，世上无人能敌哦。
咚咚咚
咕嘟！咕嘟！
怎么会这么美味呀？
两个人很开心嘛。
咕——
咕——
咖喱哦！
过去的间子
第一次吃到间子亲手做的饭菜的时候……
星星眼
快速
因为间子做饭很拿手哦！
而且很快就能做好！
好吃

花了很长时间，饿得我差点昏过去。
还、还没好吗？
咕咕咕……
过去的时间
怎么可能？
虽说有大家帮忙，不过间子做饭确实又快又非常好吃！
嘀
是吗？很难想象啊。
要不要让她来告诉我们变快的秘诀呀？
嗯！
兴奋
好，我这就去问！
大家吃饭啦！
等吃完再说吧。
看起来好好吃哦！
晕
咔——
饭后
妈妈哟，妈妈哟，拜托教给管太一个合理利用时间的办法吧！
好的哟，好的哟，等把盘子洗好，就来告诉你哦！

妈妈也不是一开始就这么快的。
遥望过去
今天做咖喱哦！
过去的间子哦，间子哦——
太棒了！
好疼！
切到手指了——
啊！没有洋葱。我去买！
慌慌张张
欸？现在去？
慌慌张张
两小时后
完成啦！
锵——
米饭呢？
不小心忘了。
啊……现在开始做。
嘿嘿！
咕咕咕……
你做饭好慢哟，世上无人能敌哦，为什么这么慢呢？
鲇鱼和乌摩合唱团
生气
呃——

经历了很多失败哦。
人要经历失败才会成长。
哦——
现在的间子哟，间子哟——
材料准备好了！
排一排成排
中辣
咖喱
猪肉
嘀
打开电饭锅的开关！
嗒嗒嗒！
呼啦——
嘿哟嘿哟，间子哦，间子哦——
嘀——
咕嘟咕嘟！
一小时后
大家吃饭了！
你做的饭最好吃，世上无人能敌哦。为什么这么好吃呢？
不好意思啦！
哦哦！

你知道现在和过去有哪些不同吗？
嗯？
因为有姐姐帮忙吗？
不只是这个哦！♪
啦——♪

鲇鱼博士的料理点评

之前
没有洋葱啦！
之后
全了！
好！
咖喱
准备工作很充分哦！
之前
切到手指了。
好疼！
之后
嗒嗒嗒！
唰唰唰！
工具用得很熟练了！

还曾因为没有勺子，找了一个小时。
我懂我懂，就像刚才我想做作业结果找不到铅笔。
还真是跟妈妈很像呢。
啊哈哈哈！
晃 悠
时间安排也很重要哦！
时间安排？
怒
哎呀！

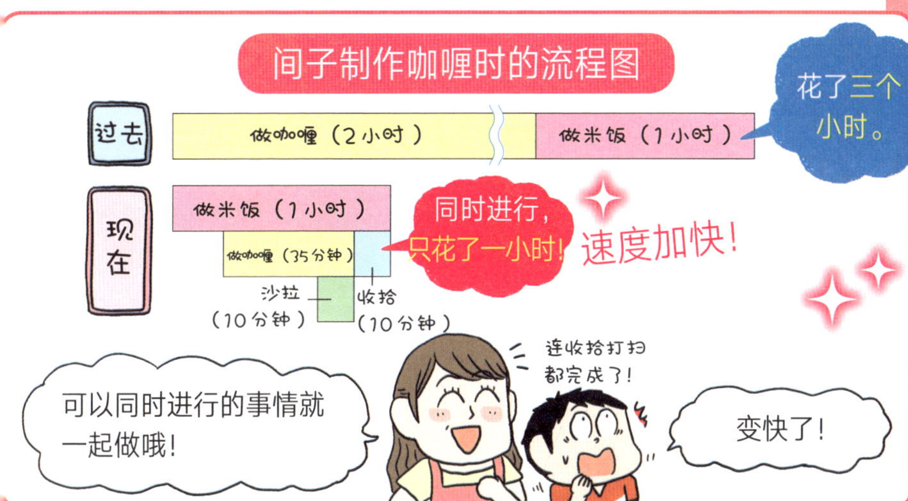

间子制作咖喱时的流程图
过去
做咖喱（2小时）
做米饭（1小时）
花了三个小时。
现在
做米饭（1小时）
做咖喱（35分钟）
沙拉（10分钟）
收拾（10分钟）
同时进行，只花了一小时！
速度加快！
可以同时进行的事情就一起做哦！
连收拾打扫都完成了！
变快了！

嘿哟嘿哟，间子哟，间子哟——
妈妈真是太厉害了。
嘿嘿嘿！
那是因为她是粉色时间战士呀。

问子和理子 推进作业的魔法

一直思考数学题或者其他问题，头脑会感到疲累。

不知道为什么进行不下去了。

实在没有心情，怎么办？

这种时候……

想想结束之后给自己一个奖励！

尝试了很多办法还是不行。

这种时候……

只能定好时间休息一会儿啦。尝试去散散步，或者换个环境，可以帮助头脑变清醒。

时间战士的指令！

管太！通过帮忙做家务来学习时间安排的精髓吧！

对哦，那么，衣服是用洗衣机洗的。
我们上课学过的！
先打开洗衣机的开关，在这个期间打扫！
把衣服放进洗衣机，按上开关，5分钟！
晾衣服10分钟。
洗衣服 1小时
打扫 45分钟
这样如何？
呼——
不错的安排哦！
那开始吧！打扫的目标是45分钟！
好的！
嘀——
很好，很好！
激动
闪闪发光
闪闪发光
♪嘀嘀嘀——♪
结束啦！
洗衣机也在叫啦！
好！那我去玩一会儿了！
嗖
呕——
晾好了再去！

怪兽卡

悠闲鸡

特　征：	性格不紧不慢，喜欢跟人成为好朋友。 有时还能给时间战士帮忙。
出没地：	客厅或者晴天的公园。
必杀技：	无。逃得很快。
攻击值：	★★★★★ 等级 1
弱　点：	它会从着急的人身边逃走。

大小：越有空闲就会越大。

体重：越有空闲就会越重。

第3章

自己制订暑假的计划

准备制订 暑假的计划

丁零零——
丁零零——
班会
马上就到暑假了。
可以尽情玩啦！
好——棒哦！
别忘了还要学习。
没有时间！
所以常盘这样的同学，更要完成这个作业。
呃……
啊？
『暑假计划表』！
暑假 计划表
咚
下周要交的哦。

如果只是制订计划就好了。
呵呵！
执行不了计划吗？
俊夫！我们做作业吧！
啪嗒！
啊？好。
我回来啦！
您好。
欢迎欢迎！
打扰了。
是俊夫呀。
你好。
今天我们一起制订暑假的计划！
暑假要为了『宇宙一周』努力！
微笑
什么？
『宇宙一周』是剑玉玩法的名字啦。
原来如此。

第一阶段 设立暑假目标

管太和俊夫想好暑假的目标了吗？
这个……
嗯！
健康减肥！
学会那个舞步！
打个帅帅的门球！
成为杂志模特！
杂志模特不太可能吧。
你说什么？
嗞——
我每天学习！俊夫呢？
宇宙一周！
多摩呢？
把那只鲇鱼打死！
喵！
!!
什么？

第二阶段 找出一天之内无法完成的事情

作业的计划制订好了吗？
差不多了。不过小学三年级的暑假只有一次呢。
喵一眼
喵一眼
没错，所以制造出美好的回忆也很重要哦。
呀吼！
和家人出去旅行以及和朋友共度的计划也设定一下吧！
去野营吧！
很期待吧！
希望你们来我的舞蹈表演现场。
捏捏
扭扭
悄悄地
还有小樱的生日呢。
!!
对哦，那就收集蝉壳做礼物吧！
这个
还是算了吧。
这种感觉？
暑假中家人的计划
·野营
·去看奶奶的舞蹈表演会
欸？生日派对呢？
是20号哦！
流……泪
啊，坏了！
俊夫，喊你去了吗？

完成"暑假计划表"

暑假 计划表

☑七月后半月
☐八月前半月
☐八月后半月

目标	暑假目标	●每天学习！ ●在盂兰盆节之前把暑假作业全部完成！
	这段时期的目标	●暑假练习册每天完成 4 页！ ●完成读后感！
期待		●完成这段时期的目标——看《时间战士》的电影！ ●完成暑假目标——去游乐园！

日程	日（一）	日（二）	日（三）	日（四）	日（五）	23 日（六）	24 日（日）
	—	—	—	—	—	练习册 4 页	练习册 4 页
	25 日（一）	26 日（二）	27 日（三）	28 日（四）	29 日（五）	30 日（六）	31 日（日）
	练习册 4 页	练习册 4 页	练习册 4 页 读后感	练习册 4 页	练习册 4 页	练习册 4 页	野营！
	日（一）	日（二）	日（三）	日（四）	日（五）	日（六）	日（日）
	—	—	—	—	—	—	—

（25 日至 29 日：← 读后感 →）

能每天坚持的方法①

可以每天感受成就感的便签

●贴便签计划表

时间	今日安排
上午 6	
7	
8	辅导班：算术练习 4页
9	
10	辅导班：理科练习 4页
11	
12	暑假练习册 4页
下午 1	
2	
3	
4	
5	
6	
7	

重点

对于难办的事情，改变便签的颜色可以提高干劲哦！

理子授课

利用白板进行简单管理

重点 每天都做的事情写在磁贴上反复利用。

重点 直接写在白板上。

暑假计划时刻表

暑期的时刻表

上午 7：00	睡觉
7：30	早饭
8：00	作业
8：30	
9：00	
下午 3：00	游戏
3：30	
4：00	足球教室
4：30	
5：00	看电视
5：30	
6：00	晚饭
6：30	
9：30	睡觉

计划被打乱的时候该怎么办？
把暑假分成三个阶段来检查计划进行状况比较好哦。
七月后半月
八月前半月
八月后半月
检查
检查
还能检查一下目标完成到什么程度了！
好！可以加油了！
扑通！扑通！
哎呀！
嗯？
抓到了，
喵！
实现目标！
啊……啊！
抽搐
抽搐
暑假也……需要……时刻表……
抽搐
鲇鱼博士，你怎么了？
有计划……的……
啪嗒！
鲇鱼博士！
死得光荣。
在叫我吗？
嗖！
集体晕倒

关于时间的金句 4 功到自然成

三年后
奶奶没问题吧？
舞蹈发表会
攘攘
熙熙
捏把汗
啪——
奶奶！
感动
太棒了！
哇！
太精彩了！真是功到自然成啊！
刚刚好像仙女一样！
在舞台上有三年啦！
亮相
功到自然成
努力坚持到最后，下了足够的功夫，事情自然就会取得成功。

鲇鱼博士之暑假也能早起的秘诀

把闹钟放远一点!

跟平时一样的时间睡觉!

把喜欢的事情放到早上!

鲇鱼博士之空闲时间帮忙 做家务

★☆☆等级 1

可以3分钟完成的家务

- 把玄关的鞋子摆好
- 擦桌子

★★☆等级 1

可以5分钟完成的家务

- 打扫玄关
- 摆放碗筷
- 盛好饭
- 扔垃圾

★★★等级 3

可以10分钟完成的家务

- 打扫浴室
- 将餐具擦干
- 将餐具收起
- 叠衣服
- 收衣服

推荐给想利用空闲时间的你!
家人一定会非常开心的!

关于时间的金句 5 失之毫厘，谬以千里

砰！
你们好！
爆——
裂——
俊夫，谢谢你！
好开心！
太好了！
什么？
俊夫这个家伙。
呼——
要振作起来。
小樱，对不起，我来晚了。我今天穿了小樱最喜欢的粉红色。
这是礼物。
哗——
啊……谢谢！
打击
来到胳膊下了！
关于这幅画……
嘿嘿！
回家后
小樱和俊夫……
只是因为我迟到了。
消沉
消沉
咚——
管太，因为你磨磨蹭蹭才会迟到吧。
这就叫作『失之毫厘，谬以千里』。
不要说了啦！
啊！

爸爸是超级职员

我是不会浪费时间的！
早上
在上班的电车上看书。
哐当 哐当……
!?
我现在在读英文对话和超级有用的时间术。
啊！坐过站了！
下一站 ××站
中午
繁忙的一上午之后午餐是苹果。
够吃吗？
咔嚓！
咔嚓！
短时间内能吃完而且非常健康，你不觉得吗？
啊——
咕
好大的声音！
啊呜！
啊呜！
果然……
饼干
晚上
尽量早回家。
我回来啦！

确保有时间辅导孩子功课。
爸爸，这个我明白啦！
嗯——
等一下。
和宠物的时间也很重要！★
哇！
喵！
抓
抓
抓
还有，最重要的事情是要向周围的人表达感谢！
间子。
嗯？
这是我的座右铭。
哎呀！
亲爱的，感谢你平时的辛苦操劳！
嗖
看我的生活怎么样？
是不是在打什么主意？
无事献殷勤，非奸即盗。
呼——
冷—
你也想试试吗？不知道你能不能行哦。嘿嘿嘿！

暑假到了
金光
闪闪
快被晒干了。
好！为实现目标加油！
冲啊！！！
暑假
计划表
我要成为时间战士！
嘿嘿！
俊夫来之前，先把作业做完。
瞌睡光线！
嗡嗡嗡——
……
发呆
那片云好像剑玉哦。
那个像多摩。
无聊
俊夫来了哦！
啊！
完蛋！
时间不小心就磨蹭过去了。

那我们开始做作业吧。
嗯！
嘿嘿！
看我的！拖延毒气！
噗！
呼啦
太臭了！
管太？
嗯——答案不太对——
好麻烦。
现在小樱在弹钢琴吧……
将来一定会成为钢琴家吧。
发呆
我将来会成为足球选手，或者时间战士。
嘿嘿嘿！
小樱这样对我说。
管太真是太棒了！
专业
这……忽然听到小樱夸我，真是不好意思！
管太？
啊？
要事闪光灯
口水……

完了！
得赶紧把落下的追上来啊！
嘿 嘿 嘿——
今天要做8页！
今天的计划是4页吧？
不要太勉强呀。
说做就要做！
越来越重
啪叽！
胖嘟嘟
还有4页。
啊啊啊！
看我！
欸？
管太，今天的计划不是完成了吗？
呀，这个好可爱呀！
叽叽叽！
哦，对哦，
今天的计划已经按时完成了。
咯咯嗒！
呼——

刚才的我太差劲了。
抚摩
不是那样的哦。
排好队
?!
请看后面！
哇！
哎哟……
今天很好地完成了计划，所以你看，你没有被那些怪兽打败哦！
是是……是吗？
很棒呀！

怪兽卡

暴龙

特　征：	计划设定好之后会反复喷火的怪兽，一旦畏惧，计划表就会被它烧掉。
出没地：	书房、客厅等
必杀技：	摧毁计划光线
攻击值：	★★★★★ 等级4
弱　点：	人类迅速执行计划之后，它能量就会被削弱。

大小：计划越难就会变越大。

体重：计划越难就会变越重。

第4章

给时间留有余地

看到那么能干的俊夫，
扭扭捏捏
我真是太逊了。
才不是那样的！
欸？
管太是室外玩耍的天才呀！
天……天才？
管太自己做的叶子面具超酷的！
这个？
啪——
管太还教会了我很多花草树木的名字呢！
是吗？不好意思了。
嗨！自然博士！
那是我的衣服。
看，这个会变成蝴蝶哦。
我再教教你关于虫子的事情吧！
扭——
啊！
俊夫？
啪嗒——

大公开！管太的室外活动

鲇鱼博士说重点

与大自然亲近的游戏可以培养热爱自然的心。

室外活动是培养专注力、学习如何克服困难的绝好机会！

室外游玩、亲近自然的时间是非常宝贵的哦！

一年中有趣的事！感受四季的活动

管太，你确实在时间管理上还有很多不足的地方。
是的……
不过还是有很多的闪光点哦！
嗯！
是……是真的吗？
在海边抓寄居蟹给我看的时候真是超帅的！
我一直以管太能跳双马为自豪哦！
嘿嘿，也没那么厉害啦。
做些只有现在才能做的事情，那样的时光能更好地丰富我们的生活。
以时间管理为武器，试着多做一些挑战吧！
武器……感觉能变强大！
好了，管太，把这个授予你。

锵
这……
这是什么？
时间战士的制服！
我的制服
啪！
啪！
啪！
把时间管理作为武器，
去战斗！
管太，还有一件事要告诉你。
紧张
什么？
裤子拉链开了！
!!!
全开了！！

怪兽卡

磨蹭怪兽

特　征：	被它袭击后，人会变磨蹭，消磨时间。刚吃过饭的人容易受到攻击。
出没地：	客厅，或者有漫画、游戏机的房间。
必杀技：	消沉光线
攻击值：	★★★★★ 等级4
弱　点：	人们把接下来的事情定好之后，它的能量会减弱。

大小：随时间流逝变大。

重量：随时间流逝变重。

俊夫的剑玉讲座

手势

拇指和食指捏住剑，中指和无名指搭住小皿。

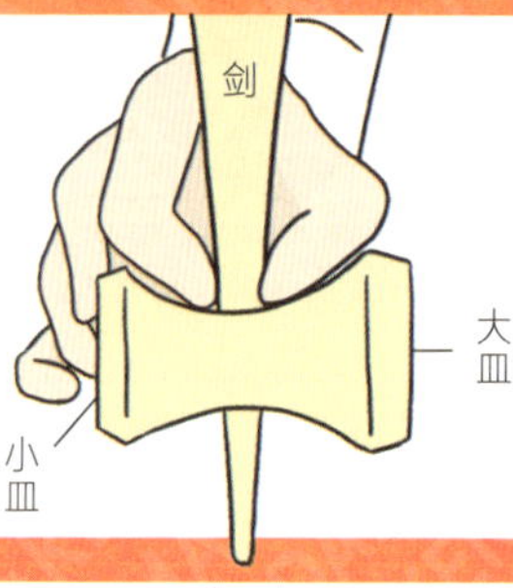

姿势

脚打开与肩同宽。

剑玉绝招

接球（用大皿接住球的招数）

①在球自然垂下的状态下，向上抛。
②弯曲膝盖，用大皿接住。

接下来还有其他绝招哦！

皿上来回（一边唱《兔子与乌龟》，一边大皿—中皿—大皿，反复接球。）

来看来看乌龟哦，是乌龟先生哦。

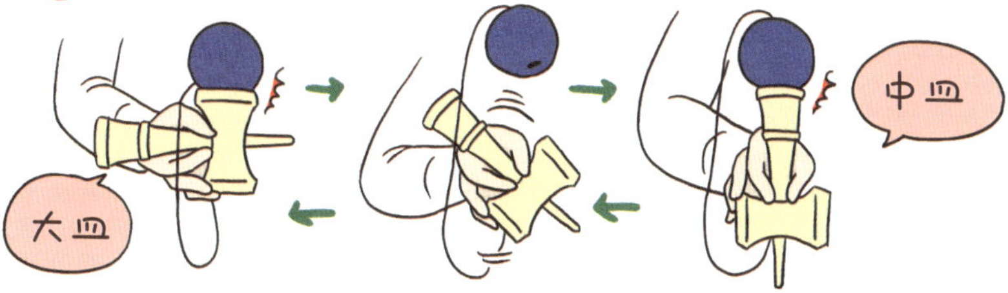

世界一周（小皿—大皿—中皿—剑头，反复接球。）

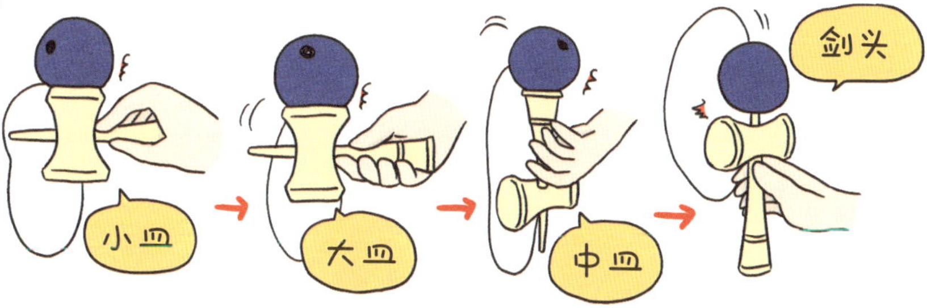

时间战士的类型诊断

你是什么类型的英雄？

诊断

1 必须做的作业堆成山。

先把作业做完→②

以后再说→③

2 总写不好作文。什么时候能定下心来写作文？

临近提交日期
→③

赶早不赶晚，还有其他要做的事呢
→⑤

3 有空闲时间了，想做什么呢？

运动，锻炼身体
→④

打游戏或者看书
→⑤

4 如果有人问你“现在你有多少自由时间”，你会如何回答？

很多呢→⑥

完全不够→⑤

5 看书的话，你会选择哪种书？

花草或者动物的图鉴→⑥

谜语或者迷宫的书→⑧

6 如果有怪兽出现，你会怎么办？

战斗→ 红色（P.154）

逃跑→⑦

7 家人一起吃饭的时候，什么最重要呢？

开心地用餐

→ 粉色（P.155）

饱饱吃一顿

→ 黄色（P.155）

8 有人拜托你做不喜欢的事情，怎么办？

明确拒绝

→ 蓝色（P.154）

无法拒绝

→ 绿色（P.155）

时间战士的指令

诊断结果

看看属于你的英雄类型！

精力旺盛的红色

时间管理上虽然时有失败，但是在不断学习成长。只要不放弃，一直努力，大变身的可能性非常大！

建议

一旦专注做某件事，就有可能忘记时间，所以要经常看看钟表哦！

冷静的蓝色

能够照顾周围的人，值得信赖。虽然有时粗心会做错事，不过完全有能力成为时间管理的大师！

建议

让手账来帮忙吧！

乐观的黄色

喜欢过悠闲时光。座右铭是健康地度过每一天！

建议

注意不要睡太多！

勤奋努力的绿色

对将来的事情稍微考虑得有些多。一旦目标确定下来便会全力以赴。

建议

有时会太过认真，要适可而止哦。

温柔而严厉的粉色

能够愉快地管理时间，善于高效率地实现计划。

建议

注意不要计划太多而太过劳累哦。

尾声

人类常常被看不见的东西所困扰。
其中之一，就是时间。
有些战士专门帮助那些有时间管理烦恼的人，你知道是谁吗？
他们的名字，就叫时间战士。
常盘家族世代担负着时间战士的使命。
现在，有一位新的成员要加入了！
金成二十岁
富纪二十岁

管太，换好衣服到客厅集合！
嗯——
咚！
咚！
咚！
咔嗒！咔嗒！
咚！
啊
咚！
咚！
时间战士的最后一位战士——管太的修行已经结束了吧？
是的。

管太容易受到磨蹭怪兽们的影响，在成为时间战士的道路上走得有些艰辛。
!?
很艰难吧？
很努力了。
嗯嗯！
辛苦了。
辛苦了！
大家在说什么？
嘘——安静。
现在的管太能逐渐掌握时间的管理方法，甚至能够灵活运用计划表了。
花费时间表
要做事情列表
一日计划表
一周计划表
吼吼吼！
还能灵活运用空隙时间了。
管太，不知不觉已经能够成为时间战士了呢！
不过，还有很多可以改进的地方，今后一定要继续努力哦。
???
爷爷？奶奶？你们在说啥？

这并不是他们的真实身份。
嘿嘿嘿！
总司令官
金成先生和富纪女士本是时间战士。
秘书
现在，金成先生任总司令官，富纪女士担任秘书。
什么？
其实普通爷爷的生活真的很开心！
金成先生，威严！威严！
呼——
咳咳。
管太，希望你从现在开始，和家人一起来帮助那些为时间管理而苦恼的人吧。
……
我……是时间战士吗？是真的吗？
嗯！
那电视上的时间战士是谁？
下周再见啦！
时间战士
那是以我们的生活为蓝本拍摄的。

话虽这么说，你才刚刚成为时间战士，所以要努力成为能够独当一面的时间战士，继续学习时间的管理方法哦！
如果光顾着打游戏，制服会被锁进保险箱里哦！
不能做出有辱时间战士身份的行为哦！
有这个觉悟吗？
……
有！
时间战士啊……虽然时间管理还并不完美，
不过他们还是保持着各自的个性，继续勇敢地战斗着——
我把制服买错了……
内裤全都看到啦。
完

illustration：Hisae Irie

版权合同登记　图字：19-2019-209号

图书在版编目（CIP）数据

学校学不到的成长课. 我要变成时间管理超人 /（日）株式会社旺文社著; 乔蕾译. — 广州：新世纪出版社, 2019.12（2020.5重印）
ISBN 978-7-5583-0039-4

Ⅰ. ①学… Ⅱ. ①株… ②乔… Ⅲ. ①时间－管理－少儿读物 Ⅳ. ①G775

中国版本图书馆CIP数据核字（2019）第272481号

学校学不到的成长课・我要变成时间管理超人
Xuexiao Xuebudao de Chengzhangke · Wo Yao Biancheng Shijian Guanli Chaoren

出 版 人：姚丹林
责任编辑：秦文剑　黄诗棋
责任技编：王　维

出版发行：新世纪出版社
（广州市大沙头四马路10号）
经　　销：全国新华书店
印　　刷：北京盛通印刷股份有限公司
规　　格：880mm×1230mm　　开　　本：32开
印　　张：5　　字　　数：60千
版　　次：2019年12月第1版　　印　　次：2020年5月第4次印刷
定　　价：32.50元

质量监督电话：020-83797655　购书咨询电话：020-83781537